La Femme de Rio

AU DIABLE VAUVERT

Nicolas Rey
Emma Luchini

La Femme de Rio

scénario

Œuvres de Nicolas Rey

Treize minutes, roman, *Au diable vauvert*, *J'ai lu*
Mémoire courte, Prix de Flore 2000, roman, *Au diable vauvert*, *J'ai lu*
Un début prometteur, roman, *Au diable vauvert*, *J'ai lu*,
Courir à trente ans, roman, *Au diable vauvert*, *J'ai lu*,
Vallauris plage, roman, *Grasset*, *Le Livre de Poche*,
Un léger passage à vide, roman, *Au diable vauvert*, *J'ai lu*
L'amour est déclaré, roman, *Au diable vauvert*, *J'ai lu*
La Beauté du geste, chroniques, *Au diable vauvert*

Œuvres d'Emma Luchini

Tout le monde s'appelle Victor, court métrage, 2001
Sur ses deux oreilles, court métrage, 2007
Sweet Valentine, long métrage, 2009

ISBN : 978-2-84626-816-5
© Éditions Au diable vauvert, 2014

Au diable vauvert
www.audiable.com
La Laune 30600 Vauvert

Catalogue sur demande
contact@audiable.com

1
Une chambre, intérieur jour

Une chambre en désordre. On sent immédiatement que cette pièce est le lieu principal de vie d'une personne qui ne sort pas beaucoup. Un homme est debout devant la fenêtre, dans une robe de chambre écossaise qui a pu avoir du chic mais qui est à présent très élimée. Une tasse de café et une cigarette à la main, l'homme, cerné et ébouriffé, regarde passivement la fenêtre. C'est Gabriel. Après un long moment, le téléphone de la maison sonne. Gabriel reste impassible. Le répondeur s'enclenche :

MESSAGE GABRIEL
Bonjour, vous êtes sur le répondeur de Gabriel Salin. En cas d'absence prolongée de ma part, vous pouvez me contacter à la clinique Jeanne-d'Arc, dans la banlieue

ouest de l'Île-de-France. En ce qui concerne les messages d'ordre amical, sentimental ou professionnel, contactez Yves Kleber.

KLEBER OFF

Gabriel, c'est ton Kleber, ton agent, ta patte de lapin. Ferme les yeux. Écoute-moi. Gabriel, ce soir même, à savoir dans quelques heures, je prépare un spécial nouvel an russe juste pour toi. Il va y avoir des posters de Georges Marchais un peu partout et treize jeunes Ukrainiennes qui liront l'intégrale de Dostoïevski. Et, surprise du chef, mon tigre abstinent, je viens de te dénicher en Hollande de la vodka sans alcool. Je compte sur toi, ma pute adorée.

Fin du message. Gabriel, impassible, continue de fumer.

2
Salle de bains, intérieur jour

Gabriel fume dans son bain en écoutant la radio. Sur le radio-réveil, on voit qu'il est 14 heures.

3
Cuisine, intérieur jour

Gabriel, à nouveau en peignoir mais avec un nouveau tee-shirt, est attablé devant une boîte en plastique de sushis saumon qu'il mange à l'aide d'une fourchette et d'un couteau. Tout en mastiquant, il parcourt distraitement son courrier non ouvert, puis finit par ouvrir le journal gratuit du 18e, qu'il feuillette non moins distraitement. Le téléphone de la maison sonne encore.

ANNONCE GABRIEL

Bonjour, vous êtes sur le répondeur de Gabriel Salin. En cas d'absence prolongée de ma part, vous pouvez me contacter à la clinique Jeanne-d'Arc, dans la banlieue ouest de l'Île-de-France. En ce qui concerne les messages d'ordre amical, sentimental ou professionnel, contactez Yves Kleber.

MESSAGE KLEBER

Très bien. Monsieur va découvrir les services secrets de Sa Majesté. C'est le commandant Kleber qui te parle. Réglage des montres. Fermeture des écoutilles. Préviens les Viets que je débarque dans H moins 4 direct chez toi avec une mission spéciale : transformer l'être informe que tu es devenu en Slave diabolique avec un charme fou. Annonce à tes névroses de se planquer sur un mirador, c'est le débarquement qui commence.

Au milieu du message de Kleber, Gabriel ferme la boîte où il reste deux sushis, la range dans le frigidaire (dans lequel sont entassées une dizaine de boîtes de sushis au saumon plus ou moins anciennes) et sort de la cuisine. On reste sur les Post-it du frigidaire jusqu'à la fin du message.

4
Chambre, intérieur jour

Le réveil indique à présent 17 heures. Gabriel est assis sur son lit et coupe minutieusement ses ongles de pied à l'aide d'un coupe-ongles. L'interphone sonne. Un coup. Il ne bouge pas. Deux coups. Toujours imperturbable. Le visiteur laisse alors son doigt appuyé sur la sonnerie, ce qui fait résonner un son strident, discontinu et insupportable dans tout l'appartement. Gabriel résiste quelques secondes en grimaçant, puis se lève, battu.

5
Entrée, intérieur jour

Il décroche l'interphone.

GABRIEL

Kleber, tu es mon ami ?

KLEBER OFF

Tu me vexes. On a été injustement séparés à la naissance, ne l'oublie pas.

GABRIEL

Alors dégage de ce hall d'immeuble, s'il te plaît.

Une vieille dame se pointe en off, Yves profite de l'ouverture de la porte.

KLEBER OFF

Merci beaucoup Madame, à tout de suite, Bibounet.

Gabriel soupire et entrouvre la porte.

6
Cuisine, intérieur jour

Gabriel, de dos, fait chauffer de l'eau dans sa bouilloire. La porte d'entrée claque et Kleber fait son entrée, embrassant la pièce du regard :

KLEBER

Beauté de cette cuisine.

GABRIEL

(De dos.) Est-ce qu'il y aura des gens à cette fête ?

KLEBER

Oui.

GABRIEL

Est-il envisageable que cette fête se déroule chez moi sans personne ?

KLEBER

Non.

GABRIEL

Alors le sujet est clos.

KLEBER

Tu imagines Churchill en 42 dire à son peuple : « Écoutez, le sujet est clos » ? Il a pas dit ça, Churchill.

GABRIEL

Non, il leur a dit : « Je vous promets des larmes, du sang et de la souffrance. »

KLEBER

Exactement. Et c'est ce que je te promets aussi. Car de la douleur naît la beauté. La douleur, tu vas la ressentir à peine. Juste le temps des premiers pas. Jusqu'au taxi. Et ensuite, c'est la beauté qui se pointe, mon tuberculeux. Ensuite, tu vas…

Gabriel sort de la cuisine avec sa tasse de café. Yves le suit jusque dans la salle de bains où Gabriel se poste sans raison devant son miroir et s'allume une cigarette. Yves arrive derrière lui et continue de lui parler dans la glace.

KLEBER

Tu m'écoutes ? Ensuite tu vas prendre place sur une terrasse chauffée ET fumeur. La guerre est terminée, Gabriel. Tu sais ce qu'on fête ? On fête la libération. Les terrasses sont chauffées ! Plus de bronchites ! Toutes les rues sont piétonnes. Tu marches, c'est piéton et là, tu croises une fille voire deux et c'est la Costa Brava, et ton triangle est protégé, tu sais pourquoi ? Demande-moi pourquoi. *(Gabriel le regarde avec lassitude dans la glace mais ne demande pas pourquoi.)* Police de proximité, Gabriel. Terrasses chauffées, rues piétonnes et des gens qui te protègent. Paris, amour et proximité. Triangle.

Gabriel, qui a attrapé sa brosse et commencé à se brosser les cheveux, se tourne soudain vers lui.

GABRIEL

Virginie Efira.

KLEBER

Pardon ?

GABRIEL

Si la seule, la grande, l'unique Virginie Efira se pointe à ce nouvel an russe, je viendrai.

Yves sort un minuscule carnet en cuir de sa poche et se met à écrire le nom.

KLEBER

Dis-moi juste dans quels registres je dois chercher cette Virginie : sport, musique, cinéma, danse, prostitution…

GABRIEL

Virginie présentait la *Nouvelle Star* sur M6.

KLEBER

Si je trouve cette fille, Gabriel, est-ce que tu viens ?

GABRIEL

Oui.

KLEBER

Est-ce que tu jures ?

GABRIEL

Oui.

KLEBER

Bien, on s'organise, je m'organise. *(Il regarde sa montre.)* Quelle heure tu as ? 19 h 30 ? Je localise la cible et je te tiens au courant.

Kleber va sortir de la pièce et se tourne vers lui avant de disparaître.

KLEBER

Salut l'ami. Dans une autre existence, quand tu iras mieux, un léger débrif' sur ta robe de chambre risque de s'imposer.

Et il disparaît. Gabriel revient vers la glace pour se coiffer.

7
Chambre/palier, intérieur nuit

Allongé sur son lit, Gabriel boit un café en regardant Le Plus Grand Cabaret du monde *à la télévision. Ça sonne à la porte. Il se lève aussitôt, regarde par le judas et ouvre avec bonne humeur : c'est son livreur de sushis (un étudiant chinois avec des lunettes). Gabriel lui sourit, content de le voir. Sur le palier, à travers la porte d'en face, un bruit assourdi de basses techno accompagné de rires et de voix. Gabriel guette cette porte avec hostilité.*

GABRIEL
Bonjour Antoine. Qu'est-ce que c'est que cette apocalypse à côté ?

ANTOINE
Je sais pas, une fête, j'imagine.

GABRIEL
Ne restez pas là, entrez.

ANTOINE
Ça va, merci.
GABRIEL
Antoine ? Un petit « Super Mario », juste tous les deux ?

Antoine sourit, visiblement habitué à ce que Gabriel lui propose ça.

ANTOINE
C'est interdit, Monsieur.
GABRIEL
Vous vous rendez compte, vous êtes le seul à respecter mon intimité. J'aimerais juste qu'on reste un peu ensemble, sans rien dire. On pourra même évoquer l'Asie, si vous voulez.

Le livreur sourit avec bienveillance et rejoint l'escalier.

ANTOINE
Au revoir, Monsieur.

Gabriel le regarde s'en aller.

GABRIEL
À demain, Antoine.

Il va fermer la porte quand il aperçoit un iPhone abandonné sur la première marche de l'escalier, à côté d'un mégot de cigarette qu'on a laissé se consumer seul. Il hésite, réfléchit un instant puis s'avance vers l'engin, l'observe de biais, finit par se baisser et le regarde de plus près. Il le prend prudemment entre ses mains, comme s'il s'agissait d'un objet non identifié pouvant contenir de la radioactivité, et le regarde, un peu apeuré mais intrigué malgré tout. Puis, après hésitation, il le glisse discrètement dans sa poche et retourne chez lui, « l'air de rien ».

8
Cuisine, intérieur soir

Assis sur à la table de la cuisine, Gabriel est médusé par l'appareil. Il passe une à une les photos avec son doigt : elles représentent des dizaines de photos de plats différents dans divers restaurants, allant du plus populaire au plus chic. Il n'y a rien d'autre ! Soudain, l'iPhone se met à sonner. Terrifié, il lâche l'appareil. Mais ça sonne à nouveau. Il hésite, le ramasse et décroche :

GABRIEL

Allô ?

VOIX DE JEUNE FEMME

Bonsoir.

GABRIEL

Bonsoir.

Léger temps.

VOIX DE JEUNE FEMME

… J'ai l'impression que vous avez mon iPhone, en fait.

GABRIEL

Des preuves.

VOIX DE JEUNE FEMME

Pardon ?

GABRIEL

Je veux des preuves.

La fille rigole avec spontanéité à l'autre bout du fil.

VOIX DE JEUNE FEMME

Des preuves que quoi ?

GABRIEL

Que cette chose est à vous.

VOIX DE JEUNE FEMME

Ben… Je sais pas, y a un rhinocéros en fond d'écran ?

GABRIEL

Quelle couleur ?

VOIX DE JEUNE FEMME

Ben… gris ?

Gabriel jette un œil à l'appareil et grimace en apercevant qu'elle dit vrai.

VOIX DE JEUNE FEMME
Vous l'avez trouvé où ?
GABRIEL
Je l'ai pas « trouvé », déjà, on s'est trouvés. Et j'ai l'impression qu'il est bien, ici.
VOIX DE JEUNE FEMME

Elle rit encore.

C'est un kidnapping, ou quoi ?
GABRIEL
Non, ne vous inquiétez pas, aucun mal ne sera fait à votre engin diabolique, mais… Ce week-end, vous avez sûrement des choses à faire ? Je pourrais vous le rendre lundi ? C'est bien, lundi, c'est un jour calme…
VOIX DE JEUNE FEMME
Et je fais comment pour téléphoner ?
GABRIEL
Téléphoner ?
VOIX DE JEUNE FEMME
Ben il est un peu fait pour ça, à la base.
GABRIEL
Vous voyez, vous n'avez pas de cœur.
VOIX DE JEUNE FEMME
Vous voulez bien me le rendre, maintenant ?
GABRIEL
J'ai le choix ?

VOIX DE JEUNE FEMME

Pas vraiment.

GABRIEL

Ben je peux vous le déposer chez la gardienne, si vous voulez. Vous connaissez un peu la gardienne ?

VOIX DE JEUNE FEMME

Mais c'est stupide je suis derrière votre porte.

GABRIEL

Ma porte ? Mais comment vous savez que c'est ma porte ?

VOIX DE JEUNE FEMME

Elle rit.

Ben parce que je vous entends !

Gabriel réalise qu'il n'a pas cessé de marcher pendant la discussion et qu'il est à présent devant sa porte. Acculé, il n'a pas d'autre choix et ouvre.

On découvre Audrey, 30 ans, vive et pétillante, toute de fluo vêtue.

AUDREY

Oh vous avez les cheveux blancs !

Observant son allure avec étonnement.

GABRIEL

Heu… Oui, enfin vous retournez un peu le problème, là.

AUDREY

Non mais j'adore cette couleur, hein. Comme Jim Jarmush. Je voulais me la faire mais je peux pas, à cause de mon taf.

GABRIEL

Ah bon, et c'est quoi votre « taf » ?

AUDREY

Auxiliaire marketing chez Kenzo. Enfin, vendeuse, quoi.

GABRIEL

Et ils aiment pas les cheveux blancs chez Kenzo ?

AUDREY

Faut croire.

GABRIEL

Rappelez-moi de ne plus acheter mes costumes là-bas.

AUDREY

Parce que vous êtes en costume, d'habitude ?

GABRIEL

Toujours.

AUDREY

Vous êtes chou comme ça.

GABRIEL

C'est marrant, je suis pas sûr de vous croire.

AUDREY

Vous devriez. Je sais tout faire sauf mentir.

Elle lui tend virilement la main.

Audrey.

GABRIEL

Il l'observe en lui serrant mollement la main.

Qu'est-ce que vous avez fait à vos cheveux, Audrey ?

AUDREY

Rien, j'ai dû les rincer, y a un type qui m'a vomi dessus à la teuf.

GABRIEL

À la… ?

AUDREY

Fête. En face.

GABRIEL

Et alors le vomi on est sur quoi, un mélange fête d'école de commerce, genre Cointreau avec de la bière et du Schweppes ?

AUDREY

Pire. Vous avez un sèche-cheveux ?

Gabriel la regarde avec de grands yeux.

9
Cuisine, intérieur nuit

Gabriel, debout, verse de l'eau dans une tasse.
Audrey, les cheveux secs, entre dans la cuisine.

AUDREY
Oh, moi aussi je peux avoir un thé ?

Gabriel se tourne vers elle.

GABRIEL
Excusez-moi, il y a un malentendu, il faut vraiment que vous dégagiez, en fait.

AUDREY
Pourquoi ?

GABRIEL
Parce que. Vous ne pouvez pas rester là, c'est interdit.

Elle s'assied, amusée.

AUDREY
Par qui ?

GABRIEL

Par… Par tout le monde. Voilà. Personne n'est pour que vous restiez là, je me suis renseigné. Même vous, vous ne voulez pas vraiment, en réalité.

AUDREY

Ah ouais ?

GABRIEL

Mais oui, aucune fille normale n'a envie de rester là. C'est un endroit affreux pour une fille normale.

AUDREY

J'aime bien, moi. Ça me donne l'impression d'être hyper équilibrée.

Il s'assied en face d'elle avec autorité.

GABRIEL

Audrey ?

AUDREY

Mmh ?

GABRIEL

Il faut que tu t'en ailles. Physiquement.

AUDREY

Je te fais peur ou quoi ?

GABRIEL

C'est surtout que boire un thé, voire deux, ne nous apportera rien, ni à l'un ni à l'autre.

AUDREY

C'est quoi, c'est une philosophie de vie, ça ?

GABRIEL

Oui.

AUDREY

Qui consiste ?

GABRIEL

Ben... Par exemple. On va boire ce thé, admettons. On va échanger quelques banalités qui, à cause de l'heure et de l'aspect un peu exceptionnel du moment, vont nous paraître uniques et assez incroyables, moi je vais m'emballer, hein, si si, c'est mon genre, je vais aussitôt t'imaginer pousser un Caddie dans les allées d'Ikea...

AUDREY

Sympa.

GABRIEL

Non mais pour moi c'est positif. Je vais nous fantasmer en train de boire un café dans un bistrot tous les matins, de faire le marché à deux tous les dimanches, je vais nous visualiser très précisément au bas des pistes, main dans la main, en attendant de voir nos gamins revenir des cours de ski, je vais songer à comment te demander en mariage pour que t'en pleures de joie, et puis... demain j'aurais oublié ton prénom. Voilà.

AUDREY

Et pourquoi on ferait pas tout cette nuit ?

GABRIEL

... Pardon ?

AUDREY

Ben si on se marie cette nuit ? Si on fait un enfant cette nuit ? Si on part en lune de miel cette nuit ?

Gabriel la regarde, interdit.

AUDREY

Comme ça, c'est fait. Et si tu te souviens pas de mon prénom demain matin, je te jure que je t'en voudrai pas.

Elle attrape un Post-it au mur.

AUDREY

Regarde.

Elle le plie avec dextérité, le transforme en bateau et le dépose dans la soupe miso. Il suit ses gestes avec attention, impressionné :

GABRIEL

T'es hyperdouée, dis donc...

AUDREY

Ouais. Voilà, imagine. C'est la baie d'Along. C'est notre lune de miel, mec. On vient de faire l'amour de manière sublime et voilà, on y est, à l'autre bout du monde.

GABRIEL

On est ensemble depuis quoi ? Deux ans ?

Audrey réfléchit, hausse les épaules et fait trois avec ses doigts.

GABRIEL

Tu m'as déjà trompé ?

AUDREY

Ça va pas, t'es fou ? Ou alors si je l'ai fait, t'en sais rien.

GABRIEL

Si j'en sais rien, c'est que tu ne m'as pas trompé, ma caille.

AUDREY

Négro, même au bout de vingt piges, jamais tu m'appelles « ma caille ».

Gabriel la regarde en souriant.

AUDREY

Je te jure. Je rigole pas avec les surnoms. Par contre, si on continue je te ferai remarquer qu'on va être en retard chez l'haptonomiste.

GABRIEL

Chez… ?

AUDREY

L'haptonomiste !

GABRIEL

Ah oui, non. Il faut pas être en retard chez l'haptonomiste.

10
Salon, intérieur nuit

Audrey est debout, le tee-shirt relevé sur son ventre qu'elle gonfle en se cambrant. Gabriel est en face d'elle, à genoux, un peu perplexe. Il va pour parler au ventre mais lui jette un regard :

GABRIEL
Et j'ai pas l'air con du tout, tu trouves ?

AUDREY
Mais tu t'en fous, c'est bien pour le môme !

Gabriel, peu convaincu, s'approche du ventre à nouveau.

GABRIEL
Jean-Luc…

AUDREY
Ah bon ?

GABRIEL

Écoute… Je serai plus inspiré pour le prochain. Jean-Luc, je tiens d'abord à féliciter cette femme, ta mère vraisemblablement, qui s'apprête courageusement à féconder.

AUDREY

« Féconder » ?

GABRIEL

Je ne vais pas fuir, Jean-Luc.

AUDREY

Il ne va pas fuir.

GABRIEL

Je vais rester là. L'haptonomie : présent. L'accouchement : hyper présent avec mon caméscope.

AUDREY

Sans ton caméscope.

GABRIEL

Sans mon caméscope. Et je vais couper le cordon. Je vais inaugurer tout ça.

AUDREY

Non non non, toi tu vas commencer par te taire, tu vas rester tranquillement dans la salle d'attente à mastiquer des dizaines de Nicorette en lisant des *Voici* périmés et plus tard, quand on sera visibles, l'enfant et moi, tu pourras passer nous voir cinq minutes.

GABRIEL

Dix.

AUDREY

Cinq.

GABRIEL

Il s'adresse au ventre.

Elle a pas changé du tout depuis cette grossesse, tu sais ?

Audrey rigole.

11
Dans le couloir, intérieur nuit

Dans le couloir de l'entrée, Audrey et Gabriel sont debout, appuyés contre le mur où est accroché un tableau représentant les gondoles de Venise. Ils regardent chacun dans une direction opposée, l'air de s'ennuyer sec.

GABRIEL

Venise...

AUDREY

Vénitché !

GABRIEL

Verdict ?

AUDREY

Deux sur vingt.

GABRIEL

Ah, carrément ?

AUDREY

C'est humide. Putain ce que c'est humide.

GABRIEL

Mais tu sais on attend trop de Venise. Venise c'est LE baromètre de la libido. Si tu arrives à baiser à Venise sans te dire « Venise, j'y suis donc je baise », alors tu sauves ton couple pour des siècles et des siècles. Mais ça n'arrive jamais. Venise, ou l'obligation de baiser. Chouette anniversaire de mariage.

Audrey soupire.

12
Dans la chambre, intérieur nuit

Ils sont allongés tout habillés sur le lit non défait. Ils fument une cigarette comme s'ils venaient de faire l'amour, mais on voit clairement qu'ils n'ont rien fait du tout. Gabriel tourne la tête vers elle.

GABRIEL

Ça va, ça t'a pas fait trop mal ?

AUDREY

De ? Ah ! Ça.

GABRIEL

Comment ça, « ah, ça » ?

AUDREY

La sodomie, tu veux dire ?

GABRIEL

Mais dis pas « la sodomie » comme ça, ça gâche tout !

AUDREY

Elle rigole.

Pourquoi ?

GABRIEL

Je sais pas, faut un peu sacraliser le truc. Bon ça t'a plus ou pas ?

AUDREY

Ouais, vachement.

GABRIEL

Sincère ?

AUDREY

Toujours.

13
Salle de bain, intérieur nuit

Audrey est allongée dans la baignoire tout habillée. Elle lit un livre avec les lunettes trop grandes de Gabriel. Gabriel ouvre la porte.

GABRIEL

Dis donc, je suis passé dans la chambre d'Électre elle y est pas, comment ça se fait ?

AUDREY

Oh, tu déconnes, t'as dit que tu ferais un effort pour le deuxième !

GABRIEL

Eh ben, Électre c'est magnifique, c'est la déesse qu'a flingué sa mère pour coucher avec son père. Elle est où ?

AUDREY

Au cinéma, je crois.

GABRIEL

À 2 heures du matin ?

AUDREY

Il est 2 heures ? Elle m'avait promis qu'elle rentrerait à minuit.

GABRIEL

La pute.

AUDREY

Elle est chiante, hein ?

GABRIEL

Oui, moi dès le début je l'ai pas sentie.

AUDREY

Oh mon Dieu, c'est horrible de pas aimer ses enfants !

GABRIEL

Elle minaude, en plus.

AUDREY

Pire. Elle louche.

GABRIEL

Comment c'est possible d'avoir déjà mauvaise haleine le matin à 12 ans ?

Audrey pouffe de rire.

AUDREY

Ce serait bien qu'elle ait fugué, nan ?

GABRIEL

Ouais ! Une fugue très loin dans l'est de la France.

AUDREY

Et puis comme ça on se retrouve tous les deux.

GABRIEL

Et on en refait un autre.

AUDREY

Ou pas.

GABRIEL

Vendu.

14
Salle à manger, intérieur nuit

Audrey est assise à la table du salon, un ordinateur portable ouvert devant elle. Elle est sur Messenger. Elle tape : « Tu rentres quand ? »

15
Chambre, intérieur nuit

Gabriel est assis à son bureau, devant son ordinateur. Il est lui aussi sur Messenger et répond à Audrey : « Après-demain. »

16
Salle à manger, intérieur nuit

La discussion s'affiche sur l'écran d'Audrey
Audrey tape : « Chiant »
Réponse Gabriel : « Je te manque ? »
Audrey : « Et toi ? »
Gabriel : « Tu veux me rejoindre ? »
Audrey : « Ah non, la province ça va, j'ai eu ma dose »
Gabriel : « Pourquoi ? »
Audrey : « Je suis née à Niort »
Gabriel : « … »
Gabriel : « Désolé. Je savais pas »
Audrey : « C'est rien. Tu pouvais pas savoir »
Audrey : « T'es né où, toi ? »
Gabriel : « Giverny »
Audrey : « Claaasse ! À côté de Monet ? »

Gabriel : « Nan, en face de chez Leny Escudero. »
Audrey : « ? »
Gabriel : « Leny Escudero ! »
Audrey : « Vois pas. »

           GABRIEL

Tu blagues ?

17
Salle à manger, intérieur nuit

Audrey est assise dans la cuisine, la chanson Pour une amourette *de Leny Escudero démarre dans la pièce d'à côté. Gabriel vient la rejoindre. Ça semble lui tenir très à cœur qu'Audrey connaisse.*

GABRIEL
Alors ?

Audrey hausse les épaules, l'air de ne jamais avoir entendu.

GABRIEL
Mais c'est impossible ! C'est hyper connu ! Audrey !

AUDREY
Mais si tu veux je te dis que je connais, si ça t'angoisse à ce point !

Il la contemple, n'en revenant pas.

GABRIEL

Tu connais pas Leny Escudero.

AUDREY

Hé non.

GABRIEL

Qu'est-ce que tu es étrange…

AUDREY

C'est ça qui t'a plu, non ? Quand on s'est rencontrés ?

GABRIEL

Oui c'est vrai.

AUDREY

Tu te souviens ?

GABRIEL

Comme si c'était hier.

AUDREY

Pareil. Tu danses ?

GABRIEL

Avec toi ?

AUDREY

Ben oui.

Gabriel hésite un peu mais Audrey s'approche et ne lui laisse pas le choix. Elle pose ses bras sur ses épaules pour danser un slow à distance respectueuse.

AUDREY

En souvenir du bon vieux temps.

Ils dansent un temps mais la musique s'arrête d'un coup.

GABRIEL

Ah, ce qu'elle est chiante !

Audrey l'interroge du regard.

GABRIEL

C'est ma chaîne. Elle fait la gueule. Dès que je mets un disque, elle s'énerve. Elle supporte que la radio en ce moment.

Audrey lui sourit. Ils restent debout face à face au milieu de la cuisine, soudain un peu gênés. Audrey va pour rompre le silence mais Gabriel l'en empêche :

GABRIEL

Attends. C'est notre premier blanc, c'est important.

Elle se tait. Ils se regardent un moment dans les yeux sans rien dire, mais, mal à l'aise, elle sourit.

GABRIEL

Souris pas, c'est pas drôle. On vit ensemble depuis un moment et on commence à avoir moins de choses à se dire. Je remarque des trucs que j'avais pas vus tout de suite, comme ta façon de passer ta langue derrière tes dents quand tu manges, ou ta dinguerie du Harpic dans les toilettes…

AUDREY

T'en as marre ?

GABRIEL

Pas du tout. Il se trouve juste que j'ai parfois besoin de décompresser, par exemple avec une fille qui ne connaîtrait pas encore toute ma médiocrité et qui me trouverait par conséquent incroyable. D'ailleurs ce soir m'attends pas, j'ai rendez-vous chez le dentiste.

Audrey a l'air triste, elle baisse les yeux.

GABRIEL

Mais c'est pas grave, mon amour. C'est pas parce qu'on s'aime moins qu'on s'aime plus, tu sais ?

Un bruit de sonnette les fait sursauter. Gabriel, blême, met sa main devant sa bouche pour qu'elle se taise.

AUDREY

Elle chuchote.

C'est qui ?

GABRIEL

Personne. Une illusion sonore.

Ça sonne à nouveau avec plus d'insistance. Elle rigole en silence.

AUDREY

Tu vas pas ouvrir ?

Il secoue la tête.

AUDREY

Tu déconnes, là ?

GABRIEL

Non pourquoi ?

Ça sonne encore, mais cette fois de manière continue. Audrey le regarde, l'air de dire « Là, t'as pas le choix, mec ». Gabriel hésite, puis se lève, ajuste sa robe de chambre, repousse ses cheveux en arrière, expire, jette un coup d'œil valeureux à Audrey comme s'il partait à la guerre, et sort de la pièce.

18
Entrée, intérieur nuit

Gabriel ouvre la porte à contrecœur. C'est Yves Kleber, une bouteille de champagne à la main, accompagné de deux filles très jolies mais n'ayant rien à voir de près ou de loin avec Virginie Efira... Ils ont l'air tous trois bien éméchés. Kleber porte sur l'avant-bras un costume à la fois élégant et futuriste, entre Yves Saint-Laurent et Capitaine Flam. Gabriel va pour lui dire quelque chose mais Kleber entre et ne lui en laisse pas le temps.

KLEBER
Changement de tactique. On va commencer step by step, comme disait Churchill. Gabriel je te présente Efira 1 et Efira 2.

Gabriel, déjà dépassé, pose ses mains sur les épaules des jeunes femmes et tente de les mener sensiblement vers la porte que Kleber vient de fermer :

GABRIEL

Mesdames, enchanté, on va se revoir très vite mais pas ce soir.

KLEBER

Holà doucement ! Et le savoir-vivre français ? J'ai mis fin au nouvel an russe en sauvant ces deux jeunes filles aussi précieuses sur le fond que sur la forme, et c'est là que mon fusil change d'épaule, figure-toi. Devant chez toi, deux adorables punks m'ont invité à une partie donnée juste en face, sur ton palier. Alors, exit la Russie, on commence par tes voisins.

Audrey sort de la chambre à ce moment-là. Kleber la découvre, surpris :

KLEBER

Mais… ? Mais je vois que Monsieur a redécouvert le savoir-vivre ! *Il s'approche d'elle et lui baise la main.* Enchanté Mademoiselle, Yves Kleber, manageur de Gabriel.

AUDREY

Elle lui rend son salut respectueux.

Bonsoir.

KLEBER

Princesse Leia ?

AUDREY

En personne.

KLEBER

Nathalie Portman ou l'autre ?

AUDREY

Ben l'autre, bien sûr.

KLEBER

Dingue, moi aussi. L'autre c'est ma préférée. Bon, Luke, écoute-moi. D'abord, on fait un saut à cette fête de gens charmants qui inaugurent leur nouveau trois pièces…

GABRIEL

Tu te rends compte quand même qu'avant que tu ne te pointes, j'étais en train de vivre la plus dense et la plus rapide histoire d'amour de tous les temps ?

AUDREY

Oui d'ailleurs nous venons d'accoucher.

KLEBER

Mazeltov. C'est un garçon ?

AUDREY

Une fille.

KLEBER

Tant pis. Gabriel, on se rassemble. *Il lui tend le costume.* Tu vas commencer par le plus dur et par le plus pailleté.

Il déplie le costume. Audrey s'approche.

AUDREY

Fais voir, mais il est génial ! Il va t'aller hyper bien !

Gabriel regarde le costume, puis son ami.

GABRIEL

Kleber ? Jette-toi par la fenêtre, s'il te plaît.

KLEBER

Essaie-le ! *Il tend la bouteille de champagne à une des filles.* Venez, pour les verres, la cuisine, c'est par là-bas. Tiens, chaton, tu peux l'ouvrir, tu crois ? J'ai aucune force dans les mains, moi…

Pendant qu'ils s'éloignent, Audrey s'approche de Gabriel, enlace son bras avec douceur et lui parle à l'oreille :

AUDREY

En même temps, cher mari… vous oubliez que dans une histoire d'amour, la soirée crémaillère à se flinguer est un passage incontournable.

Gabriel se tourne vers elle, décontenancé. Elle le regarde avec un sourire auquel on ne peut pas dire non.

19
Un couloir, appartement d'en face, intérieur nuit

Un couloir bondé de jeunes personnes de 20 ans, bruyantes et très ivres, qui fument, discutent en essayant de parler au-dessus de la drum'n'bass. Gabriel apparaît soudain, blême, se frayant nerveusement un passage à travers la foule, traversant le couloir avec difficulté : on le sent fébrile, inquiet, il transpire légèrement et repousse avec impatience les gens qui ne le laissent pas passer. Il arrive enfin à son but, les toilettes, essaie d'ouvrir la porte mais c'est occupé. Il frappe nerveusement du plat de la main, comme s'il ne pouvait pas attendre plus de trente secondes supplémentaires. Un jeune garçon en sort, il le pousse presque et court s'enfermer à l'intérieur.

20
Toilettes de l'appartement fête, intérieur nuit

Gabriel ferme le verrou à la hâte et peut enfin respirer. Il a le cœur qui bat, sue légèrement. Il respire, tente de reprendre ses esprits, quand quelques coups frappent à la porte.

GABRIEL

C'est occupé.

VOIX D'AUDREY

C'est moi…

Il reconnaît la voix d'Audrey et ouvre doucement. Elle entre, il ferme aussitôt derrière elle. Ils se regardent, ne se disent rien. Temps. Gabriel est encore chamboulé par sa crise d'angoisse, il respire fort, transpire légèrement.

AUDREY

T'es bien, là ?

GABRIEL

Dément.

AUDREY

Qu'est-ce qu'il s'est passé ?

GABRIEL

Rien. Besoin d'une petite réunion avec moi-même.

Elle sourit. Lui aussi, plus difficilement.

GABRIEL

Et toi ? T'avais disparu ?

AUDREY

J'étais au téléphone. Mon copain a fini le boulot plus tôt, il passe me chercher en scoot.

Temps. Gabriel encaisse.

GABRIEL

En scoot ?

Il la regarde un temps, affecté :

GABRIEL

Tu me trompes, alors. Ça dure depuis combien de temps ?

AUDREY

Trois ans. Un peu moins.

Gabriel acquiesce.

GABRIEL

Et il te fait bien l'amour ?

Elle sourit tristement.

AUDREY

Ça va.

GABRIEL

Ok…

AUDREY

On a tout fait, nous, de toute façon. Non ? C'est bon.

GABRIEL

Oui. C'est bon.

AUDREY

Bon. J'y vais, alors.

GABRIEL

Ben ouais.

AUDREY

Ben au revoir.

Mais elle reste sur place, les yeux fermés. Gabriel la regarde, sans comprendre. Elle rouvre les yeux sur lui avec étonnement.

GABRIEL

Quoi ?

AUDREY

Ben ça y est, c'est le dernier baiser. On a pas fait, le dernier baiser.

GABRIEL

Non...

Elle ferme les yeux à nouveau et murmure :

AUDREY

Tu m'embrasses pour la dernière fois, mon amour ?

Gabriel la regarde puis, dans un souffle :

GABRIEL

D'accord...

On coupe sur le visage immobile de Gabriel.

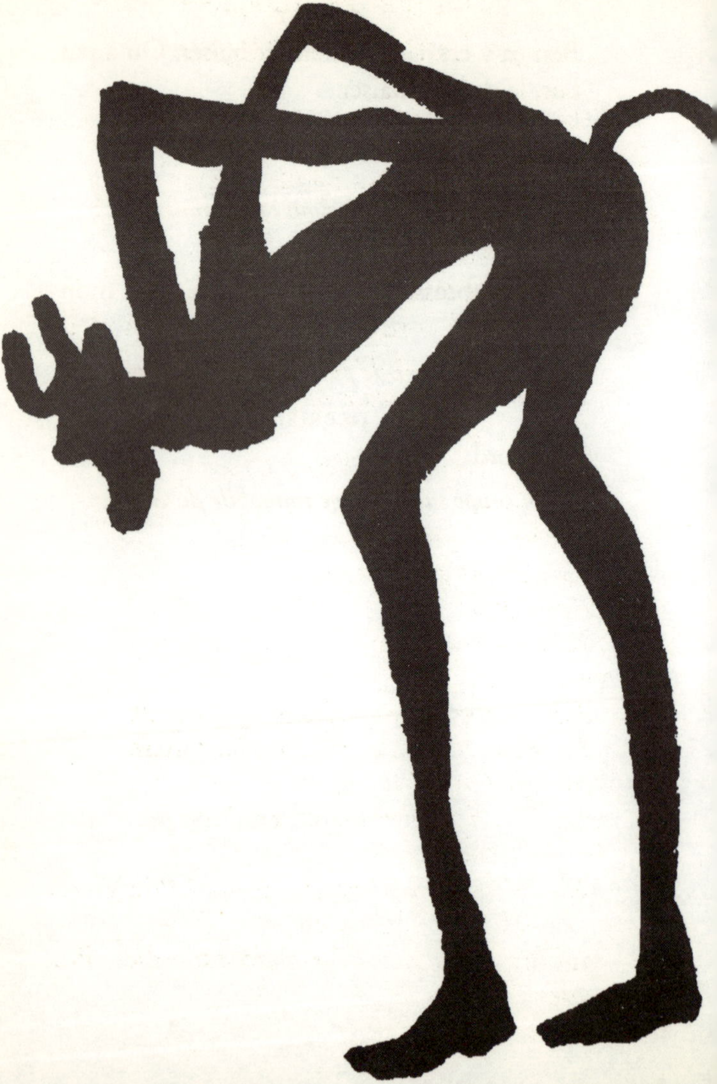

Au diable vauvert

Littérature française
Extrait du catalogue

Sébastien Ayreault
Loin du monde, roman
Sous les toits, roman (avril 2014)
Tristane Banon
Le Bal des hypocrites, récit
Julien Blanc-Gras
Gringoland, roman, Lauréat du Festival du premier roman de Chambéry
Comment devenir un dieu vivant, roman
Touriste, roman
Paradis (avant liquidation), récit
Simon Casas
Taches d'encre et de sang, récit
La Corrida parfaite, récit
Olivier Deck
Adieu, torero, récit
Wendy Delorme
Insurrections ! En territoire sexuel, récit
La Mère, la Sainte et la Putain, roman
Youssouf Amine Elalamy
Les Clandestins, roman, Prix Atlas
Thomas Gunzig
Mort d'un parfait bilingue, roman, Prix Victor Rossel, Prix Club Med
Le Plus Petit Zoo du monde, nouvelles, Prix des Éditeurs
Kuru, roman

Assortiment pour une vie meilleure, nouvelles
Manuel de survie à l'usage des incapables, roman

NORA HAMDI
Des poupées et des anges, roman, Prix Yves Navarre
Plaqué or, roman

GRÉGOIRE HERVIER
Scream Test, roman, Prix Polar derrière les murs, Prix Méditerranée des lycéens
Zen City, roman, Prix PACA des lycéens

ALEX D. JESTAIRE
Tourville, roman

AÏSSA LACHEB
Plaidoyer pour les justes, roman
L'Éclatement, roman
Le Roman du souterrain, roman
Dans la vie, roman
Scènes de la vie carcérale, récit
Dieu en soit garde, roman

LOUIS LANHER
Microclimat, roman
Un pur roman, roman
Ma vie avec Louis Lanher, nouvelles
Trois jours à tuer, roman

TITIOU LECOQ
Les Morues, roman, Prix du premier roman du Doubs, Prix du Baz'Art des Mots

ANTOINE MARTIN
La Cape de Mandrake, nouvelles
Le Chauffe-eau, épopée
Juin de culasse, épopée (avril 2014)
Produits carnés, nouvelles (avril 2014)

ROMAIN MONNERY
- *Libre, seul et assoupi*, roman
- *Le Saut du requin*, roman

XAVIER DE MOULINS
- *Un coup à prendre*, roman
- *Ce parfait ciel bleu*, roman

NICOLAS REY
- *Treize minutes*, roman
- *Mémoire courte*, roman, Prix de Flore 2000
- *Un début prometteur*, roman
- *Courir à trente ans*, roman
- *Un léger passage à vide*, roman
- *L'amour est déclaré*, roman
- *La Beauté du geste*, chroniques

CÉLINE ROBINET
- *Vous avez le droit d'être de mauvaise humeur…*, nouvelles
- *Faut-il croire les mimes sur parole ?*, nouvelles

RÉGIS DE SÁ MOREIRA
- *Pas de temps à perdre*, roman
- *Zéro tués*, roman
- *Le Libraire*, roman
- *Mari et femme*, roman
- *La vie*, roman

CORALIE TRINH THI
- *Betty Monde*, roman
- *La Voie Humide*, autobiographie

CÉCILE VARGAFTIG
- *Fantômette se pacse*, roman
- *Les Nouveaux Nouveaux Mystères de Paris*, roman

Impression réalisée par

CPI
BRODARD & TAUPIN

*La Flèche
en octobre 2013*

Imprimé en France
N° d'impression : 3002667
Dépôt légal : octobre 2013